陈氏太极拳技击精要

陈国灿 著

成都时代出版社

陈氏太极拳

陈立夫题

拳经总歌

陈王廷

纵放屈伸人莫知，诸靠缠绕我皆依。
劈打推压得进步，搬撂横采也难敌。
钩掤逼揽人人晓，闪掠巧取有谁知。
佯输诈走谁云败，引诱回冲致胜归。
滚拴搭扫灵微妙，横直劈砍奇更奇。
截进遮拦穿心肘，迎风接步红炮捶。
二换扫压挂面足，左右边簪庄跟腿。
截前压后无缝锁，声东击西要熟识。
上笼下提君须记，进攻退闪莫迟迟。
藏头盖面天下有，攒心剁骨世间稀。
教师不识此中理，难将武艺论高低。

目 录

序 一

易系辞云："天地之大德曰生"，故"生生之谓易"。而易之理在阴阳，阴阳之象曰太极。太极之用，曰动曰静，曰刚曰柔，而刚柔相推，动静相成乃生之契机。河南陈家沟陈氏本此理以创立太极拳法行于世，传人甚众，流布甚广。

陈国灿先生少年习拳于陈氏门人朱瑞川，锻炼至今，60余年广征博采，集众技之长，归纳自习与教学之经验，并影印拳术程式，纂为一册，名曰《陈氏太极拳》，期以流惠同好，促进民众健康。于行将付梓之时，索序于余，然余不解拳术，无由发其精义；但余幼年时体弱多病，少年在石室中学读书时，始爱好体育锻炼，身体才强健起来，数十年得以奔走国事，服务人民，实赖此健康之身体。今虽已臻耄耋之年，而犹有余力从事国家民族振兴之事业，盖有其由来矣！

拳术之道，重在养生，而生生之理，古人早已言之透辟，兹不过略举数端，并述浅见。

论语："逝者如斯夫，不舍昼夜。"易曰："天行健，君子自强不息。"中庸："至诚无息。"

焦循云:“一阴一阳,道之所以不已。”这不舍、不息、无息、不已,都是释明宇宙是在不断地前进。此是生之一义。

易系辞:“日新之谓盛德,生生之谓易。”又云:“刚柔相推,而生变化。”“天地感而万物化生。”“天地变化,草木蕃。”中庸:“天地之道可一言而尽也,其为物不二,其生物不测。”这日新、生生、变化、不测,都是含着变化的意义,即是说宇宙是变化的,由变化而万物以生的。此是生之二义。

易云:“至哉坤元,万物资生……含宏光大,品物咸亨。”这是描写宇宙万物得坤地之气而繁荣发展,此是生之三义。

易云:“物极必反。”道德经:“天之道,其犹张弓欤!高者抑之,下者举之,有余者损之,不足者补之,天之道损有余而补不足。”这物极必反,高者抑之,乃叙述宇宙万物变化的过程,必由繁荣的发展期而至于衰退期,也可以由此衰退期而转入另一新的繁荣发展期。此是生之四义。

此生之四义,虽言天道,而人事之理,实亦蕴涵其中。拳曰太极,其精微之义,与天道人事之理,庶几近之乎!余不揣浅陋,聊陈数语,以就教于方家。是为序。

任觉五　于美国旧金山

序　二

陈君国灿和我可称得是“总角交”，我们从少年时就交了朋友，一起学习，一起游玩，彼此莫逆于心。那时，我已知道他在从师学拳，见他时常流露出一种精武气概，这给我的印象很深。回想起来，当时如果能够同他一道接受拳术的熏陶，该是多么好的一件事。

时光流逝，忽忽已届古稀之年，陈君自少而壮，而老依然拳不离手，60余年来长期坚持，潜心研习陈氏太极拳，其造诣已登堂入室，毋庸置疑。他的为人恬淡寡欲，多年来，收了不少弟子传授斯技，并相与切磋，自得其乐。陈君学有所宗，师教甚严，兼之本人60多年来勤于锻炼，潜心深造，又有许多心得，应该视此为武术界特别是陈氏太极拳的一项宝贵财富。如能把它贡献给社会，为更多的有志之士参考研究，从中获得裨益，有利深造，从而推动陈氏太极拳这门传统武术的发展，使其发扬光大，则爝火不息，兼善天下之乐，何以逾此？

陈君即以此议与其多年之宿愿合，乃欣然命笔，埋头写作，书稿几易寒暑而成。书中以文字讲解，并配以大量身架图片。读其书，既综合讲述陈氏太极拳的渊源要领，又分段详解各式功架的动作规范，图文并茂，二者于是相得益彰。作者的苦心般意，毫无保留，相信有心的读者会深切感受到的。

陈君研习太极拳终其一生，成于一书，我作为一个老朋友，对他这种崇高的精神与毅力感到十分钦佩和崇敬。值此书出版之际在此表示衷心的祝贺和良好的祝愿。

李国润　于四川大学

陈氏太极拳之技击法

太极拳博大精深、学无止境，称之为对人类的一大贡献，并非溢美之辞。单就其技击方面而言，亦是千变万化，莫测高深。

太极拳的技击法与其它拳法一样，包括攻击与防御两个方面。从攻击方面来讲，陈氏太极拳重视运用缠丝劲，运劲如缠丝。在缠丝劲的基础上，还运用弹抖劲、暴发劲、掤劲、捋劲、采劲、挤劲、按劲、挒劲、肘劲、靠劲、截劲、冷劲、寸劲、空劲等诸多劲别，同时，这些劲都是以腰为主发自全身完整的劲。拳谚说：“上下九节劲(肩、肘、腕、颈、脊、腰、胯、膝、足腕)节节腰中发。”因此，它决不是简单的拳打足踢，仅使用局部的臂力、腿力去与人硬拼、狠斗，决不是单纯的使用以大力胜小力，以快打慢、恃强凌弱的打法。从防御方面来讲：“拳打分寸、棍打毫厘”，哪怕对方快如闪电、力逾千钧，只要有分毫之差，未能触及你的身体，那就不起什么作用，你就让他去消耗他自己的体力，不予理睬就行了。倘若一旦触及，即不可硬碰、架搭斗力；亦不可惊慌躲避。只须接住来力，一般是攻来的手臂，轻轻粘接住。用身躯任何部分粘接住都行，一般情况是用手臂部位粘接，以粘接的方式接人来手是软接，用的是弧线所谓两手乱环不落空，不是用直线去招架去硬挡。这个“粘”字的功夫，至关重要。粘如胶着，粘接着对方这个接触点，就不能让它轻易脱离，或脱手，就要从这个点上吃住对方来劲。拳谚有言：“粘着一点，变化万千”，就要在这个点上，你进我退，你退我进、攻守互易，双方勾心斗角做文章，其内容不外是在双方不停地转换、进退、攻防过程中，凭皮肤的感觉(触觉、隔着衣服也一样)来探测对方的劲力与意图，术语又称“听劲”。使其攻击不能得手，从而破坏对方的平衡，造成我顺人背的形势，使之站立不稳，掌握不住自己的重心。或是在这一点上感知对方出现丢或顶的毛病时，即进行攻击。再者，攻击对方时，切不可用蛮力，要凭借对方的劲力、动向，顺其势用合力、离心力、向心力、弹抖劲……去进行打击。拳谚有“四两拨千斤”之语，就是指的要运用巧力、小力去战胜大力、拙力。不能用蛮力去硬抗、狠拼；或是你打我一拳，我也要踢你一脚，打个两败俱伤的场面。那种被人谑称为“划拳”式的打法乃是低级拳术，不可取的。太极拳却不是如此，与人较量，不光是眼观四面，耳听身后，还更重视皮肤触觉的灵敏来测知对方的劲力和意图。所以，长年累月不懈地练习推手，就不只是为了身体的健康，更重要的是练习触觉、感知的灵敏，刻意增进知人的功夫，这也是高水平的人能够应付突然袭击的原故。从粘着这个“点”中，还应当体会到，太极走圆弧，这个点就是由大的圆弧，逐渐缩小化为一点的。太极拳要分清虚实、阴阳、刚柔、轻重、缓急等的变换，在这个点中，就包含着这些变换，不是呆板的一个点。我同一位南拳拳师甘金体相识，他曾说过这样的玩笑话：“不要去同他们比试，他们那拳是爱粑的，粑着就不得了。”他所说的粑，就是指我们讲的粘，粘连绵随、粘缠相连，粘着一点，变化万千……你只要读一读陈王廷的《拳经总歌》，就会更加明白。

陈氏太极拳是由外家拳进入内家拳的一大进步，一个飞跃。可以说它是抛弃了世界上其他拳种的一些有疵可寻的缺点而更臻完善。比如，当今世界上诸多拳术(包括许多体育活动)的一个通病是，只能练到青春时期，人到中年，大约五六十岁的光景，就逐渐出现骨骼僵化，气血枯衰的状态，自己也感到练不下去了，勉强去练，不但没有乐趣，很可能还会出现问题，只好作罢。再如个人单练或与人较技，一般都不能持久，没有耐力，不出几分钟，速度就要减慢，力度也要减小，呼吸也会急促起来，就明显地练不下去了。太极拳和其他内家拳却不是这样，个人单练也好，与人较技也好，略具基础的人，都可以坚持到四五十分钟或一小时以上，仍能心平气和、灵活自如地练下去。这并非勉强坚持，而是在练中感到了兴味。单练、对练都是一种享受，有如写字、绘画、唱京戏一般，别有滋味在心头。而且，到了老年，七八十岁了(吴图南先生 102 岁仍在教人练拳)也能照样练下去，这并非是个别现象，而是普遍的。因此，有人说："太极拳增进体力，其他拳消耗体力。"这种看法，颇有道理。

还有个速度问题。太极拳讲"缓、柔、稳"那是指第一路拳的风格，主守。但这只是一个方面，即着重练习以身领手，身法带动手法的锻炼。不要忘了还有"快、刚、跃"的习练、这是第二路拳的风格，主攻。这里一反第一路的练法，着重于以手领身，讲究的是腾挪闪战，松活弹抖，发爆发力(陈照奎老师说过："练就一身弹抖劲，试看天下谁能敌")。一、二两路拳合练，才是完整的陈氏太极拳。所以说太极拳也十分重视速度，所谓"转关直射"、"虚笼诈诱，只为一转"、"运劲如张弓，发劲似放箭"等拳谚，就是指速度的重要。陈发科老师也说过："比试决定胜负，用不着数一、二、三，只须数一就够了。"因为两人功力悬殊，一接手，你就应手即扑。《水浒传》中，李逵与焦挺厮打，一打一扑跌，打得李逵趴在地上认输，不敢起来；燕青与人猿一般的拳师任原比武较量，任原把燕青逼至擂台边沿的无可退避之处，飞起一足，企图把燕青踢下台去，哪知事与愿违，反被燕青贴身而进，乘势借力将任原托起，凌空两个盘旋，掷下台去。可以说，这就是太极拳的典型打法。有的高手与人较技，旁观者往往看到，他在“挨揍”，怎么揍人的人一瞬间反而跌出去了，这也是常有的事。也有打人不伤人的打法，如陈发科老师与李剑华在北京友谊比试，李是身重二百斤的彪形大汉，甫一接触，瞬间被陈老师一肘腾空抛起一尺多高，李大吃一惊，然而丝毫没有受伤，犹如被风吹起一样。1948 年朱瑞川老师在成都设馆授拳(总府街两湖会馆)。他是老翁，我是青壮，我与老师作友谊比试，三战三北，一、二次是一接手就被弹出去，第三次是瞬间就被放翻在地，立即又将扶起来，他还风趣地笑着对我说：“你打我就英雄无用武之地了。”他经常是一搭手就把你封逼住，使你身不由己，一切招数施展不出来，将你劝(迫使)去坐下，甚至躺下，你就横蹦顺跳也无济于事。这即拳谚说的“出手不见手，手到不能走”的功夫。朱老师性情温和，不愿伤人，他就爱用这种功夫。

太极拳把人击倒的情况是常见的事，不足为奇。因为，人是两足站立在行动，重心偏高，走路不注意，也会自己跌倒，人到老年行走防跌，还得配根手杖。所以，两人功夫差距大，一搭手，你就会应手扑跌。如果，两人功力相当，较量起来，双方粘连绵随，彼此不敢冒进，缠绵反复，尔虞我诈，半点不敢疏神，时间可以长达一个小时以上，分不出高低，其他拳种可能做不到这个程度。当年杨澄甫与吴鑑泉二位前辈就有过这个实例，传为佳话。在一个钟头的时间里，双方斗技巧，斗耐力，斗智斗勇，犹如对弈一般，其中包含无穷变化。这个千姿百态的变化，犹如我国的方块字一样：字有八法：一点、一横、一竖……“永”字就具有八法。可是就这简单的八法，它所构成的汉字究竟有多少，能认得完吗？即如汉字号称极多的《康熙字典》也是难以尽收的。太极拳也有八法，那就是“掤、攦、挤、按、采、挒、肘、靠。”可想而知，其内容与变化，自是难以穷尽了。更进一步讲，书法家仅以单纯抽象的线条，在平面的纸张上，就能写出风格各异、变化万千的字体，吸引着许多爱好者终身乐此不疲，中国的太极拳同样具有这样的魅力和生命力。

陈氏太极拳在技击方面的风格，我只谈得出这点粗浅的体会。好比读了几年书，还仅仅认得“上大人，孔乙已……”一样，更深的学问还有待进一步去学习，去探讨。

捶法

太极五捶

(一)掩手捶

掩手捶，又名“搬拦捶”、“黑虎偷心”。顾名思义，这一捶是击人心脏部位，与外家拳的“子午捶”一脉相承，外形相似，用法一样。只是太极拳发劲要求完整，忌用身手分家没有联系的局部劲力，即单凭臂部之力出劲进击。而要做身躯微一左转，双足一撑地面，足趾抓地一紧，左拳或掌螺旋向左后搬缠，带着捋劲，配合着

图1

拧腰扣裆，右拳螺旋向前冲击而出。左拳或掌向左后搬缠，由手心向上转为手心向下，搬贴在左腰侧，右拳向前冲击，是自右胸肋部冲击而出，由拳心向上旋转击出，落点时拳心向下，拳一紧握，全身劲力集中一点，要有将对方向后向上腾空掷出去的意念。运劲如张弓，发劲似放箭，右拳击出有如箭杆射中目标。同时，在击中对方的瞬间，拳头要一紧握，否则松握的拳头击中目标时，反会使自己的指骨挫伤。同时，也要分清主次，右拳为主，起打击对手的作用，出拳亦不可过贪、出隅。左拳为辅，旋转后拉，起着稳定身体重心，保持自身平衡的作用。反之，身微右转，出左拳进击也是一样，并非只能右拳进击（图1、图2）。

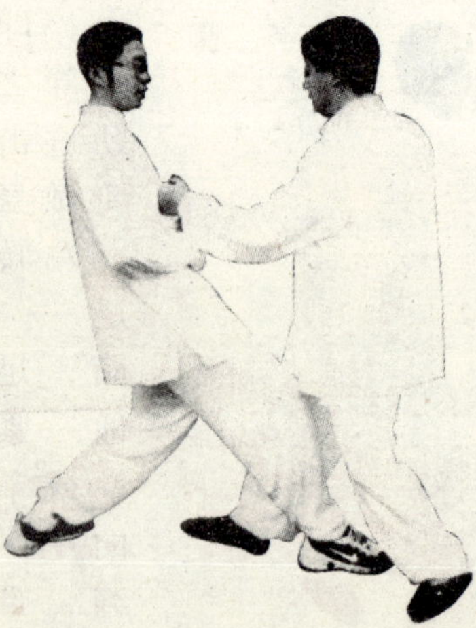

图2

相传杨露禅在陈家沟学成归来，开始对外授拳，与人较量，就曾失手，一捶将人击毙，十分懊悔，以后与人交手，就特别谨慎，做到胜人不伤人了。还应注意，出手不可过贪，过尤不及，要给自己留有转换的余地，否则，稍一冒进，就有被人乘势借力采、捋的危险。任何进击，无论用拳、掌、肘、靠都要遵守这个原则。如果对方距离较远，要出手进击，首先必须进步，即用"抢步"或"垫步"缩短距离再进行打击。太极拳讲究贴身靠打，打人运劲必须拧腰扣裆，力由脊发，肩催肘、肘催手发出劲力。这种打法不但失误少，而且由于抢步，垫步的关系，加有惯性进击，威力则大为增强。如用劲恰当，恰值对方重心后移避让，往往能将其腾空掷出。毫无阻力，决不是用蛮力把人抛起或击倒，而是对方被击的感觉就如被风刮起来一样，这是运用惯性与加速度，合力将人打出去的。至于伤不伤人就全凭自己的意念和所用的劲别了。如果心一狠，发出弹抖劲、挒劲、挣脱劲、爆发力，那就必然伤人了。

(二)披身捶

披身捶，又名"庇身捶"。披身捶，两手握

拳，两条手臂在身躯左右交替抡起两个大圆弧，乃是上护头，下护裆，中护胸腹的着法，防护之中寓有反击，对方从前后、左右、上下袭来，均可接手化解掷打还击。如对方以右拳或掌向我左面头部或胸部进击，我以左小臂内侧迎接其右小臂外侧，逆缠向左下捋带，进右拳或掌、指还击对方胸、肋部。反之，对方若以左拳或掌从我右面击来，我用右手接招捋化，左手还击亦同(图3)。

若对方用双拳或双掌向我胸部按来或击来，我则无须退避，即抬起两臂接缠其攻来的两小臂外侧，随即微向上一托，即逆缠向左右沉带双分，化去来劲。此时对方上体前倾，我两手由双分转双

图3

图 4

合出双拳、掌或单拳、掌还击其胸部或面部(图 4、图 5)。

又如对方从我身后以掌或拳自右向我头部或肩部袭来，我身微右转，以右小臂内侧自下而上接缠对方右小臂内侧，转臂逆缠化去来劲，乘势一沉用肘，发出捌劲冲击其右耳门或太阳穴，必使之重创，甚至毙命(图 6)。

图 5

图6

如距离更近，亦可用肩靠，反之，对方以左掌或拳从我左后面袭来，我以左臂还击亦同。再如，从我身后以双拳或掌向我袭来，如右拳先至，我即右转身以右臂沾接其右小臂内侧向上逆缠转顺缠，化去来劲，即以右拳或肘发劲冲击其右肋部（图7）。反之，若对方左拳先至，我左转身用左臂还击亦同。

图7

图 8

若对方从我身后以双臂同时箍来，欲将我抱住或摔倒，俗称“黄桶箍”的着法，均有如下多种解法：如对方从背后将我抱住（一般是连双臂一齐箍住）。

1. 我双手随即向后伸至对方的“鼠蹊”部（小腹沟两胯间）略一抓捏，即可松箍，这是友好的解法（图8）。但也有不怕抓捏的。

图 9

2. 身躯微一下沉，左足前进一步，右转身拧腰横屈左肘前按辅助右肘(立肘)以肘尖向后发劲击其右肋部(图 9),或右足前沓半步,拧腰左转,横屈右肘前按助劲,以左肘向后发劲击其左肋部,亦可连环进步,左右发肘后击。

3. 左足向左横迈一步,成左弓步,身躯下蹲,两手从我裆中向后向下一合握住对方足踝(对方在前的一只足),此时,我之腚部恰坐落在对方膝盖骨上,立即坐实猛拗发劲,对手必撒手向后仰跌,否则,膝关节必致拗伤(图 10)。若右步横迈,用法亦同(只是这种解脱,要慎防对手在你俯身双手向后伸,欲抓握其足踝时,他即松开“黄桶箍”两手下落,反握住你的两手腕。此时,

图 10

图 11

他的肩部正贴在你的腚部上，他双手向后拉，肩部向前顶送，你之头面部必碰撞在地面上，弄得个面目全非，狼狈不堪）（图 11）。

4. 右足向右横移一步，化去对方劲力，左足随之绕插于对方右足后，管贴住对方右足，右手向右下斜按（斜按乃起稳定自己重心，同时辅助左手发劲的作用），左

图 12

图13

臂同时向左向后向上拧腰横挒将对方击倒(斜飞式着法)(图 12)。反之,左足向左横迈,右足绕插对方左足后,以右臂向右后向上掤、挒,将其击倒(白鹤亮翅着法)亦同(图13)。

5. 左足向右前斜迈一步,身躯右旋,右足跟离地以足尖轻贴地面

图14

向右后划弧转身，带动对方双足离地，飘浮起来，紧接着上身猛一前俯，如行90°鞠躬礼，配合右腚向上挑弹，将对方从我背上腾空掷起，仰面翻倒于地(闪通背着法)(图14变着)。这正如山区农民倒背兜的动作一样，将所揹一背柴禾，一躬身全部倾倒在墙角或柴圈内一样。反之，右足向右前迈步，左足向左划弧转身，带动对方在我背上双足离地失重，拧腰一闪，以左腚部挑摔，同样将其腾空仰面掷跌于地。

6. 重心左移，左足横迈半步，随即重心右移，右足随之绕至对方左足后，我右手自然右移至对方裆部，掏裆一击，对方很难逃避(图15)。如用变着，左臂向左横按，身躯右

图15

图 16

转，右手向下自其身后插于对方双小腿后面上番，即可将其掷跌于地（图 16）。同样，重心右移，右足横向迈步，再重心左移，左足随之绕贴至对方右足后，我左手自然移至对方裆部掏裆，亦是致命的狠着。变着亦同。

“黄桶箍”不是着法，外家拳、内家拳的套路中也没有这种招式，从未听见过有拳师用它对敌，如追击歹徒，在能抱住他的距离内，最好不要去抱，可先将其击倒，如果抱住，就会纠缠不清，若歹徒手中有凶器，如匕首，短刀之类，你自身就更危险了。

（三）肘底捶

肘底捶，又名“肘底看捶”。其实这一捶法是不易看见的，发拳者的拳头是隐藏在自己的肘

图 17

下，看不见也用不着看，被打的人也看不见拳头。所以，又有“叶底藏花”之称。它的着法是两臂螺旋作顺时针方向旋转蓄劲，右臂弧形向右向上再向下转至右腰侧成拳，同时，左臂弧形自左下再向上向右转至左额前，左臂竖直，掌心向右，右臂打横，拳心向内，随即身微左转、拧腰、双臂一合劲，右拳自左肘下冲击而出。发劲时，身躯微下沉助劲，左小臂向右缠带乃用以引化对方右拳攻来的劲力，使之落空，拧腰沉身以右拳从左肘下发劲攻击对方腰、肋部或胸部(图 17)。反之，左拳从右肘下攻击亦同。

(四)击地捶

击地捶又名“栽捶”，“进步栽捶”。

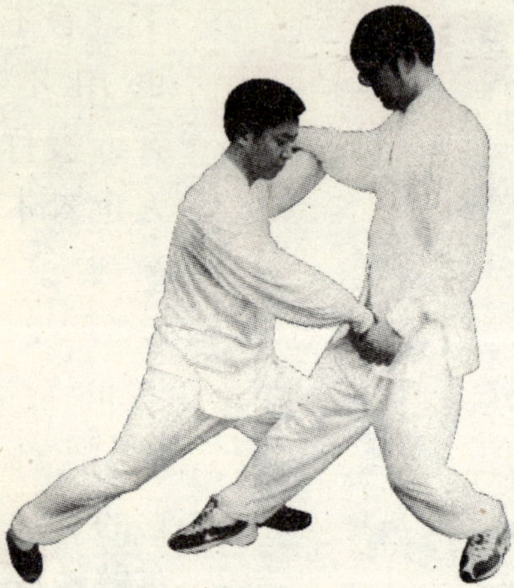
图 17

我用“左蹬一根”将对方蹬倒在地，即乘势进步俯身出右拳插击其胸、腹、头部。其实这种着法，已是画蛇添足；在实战中，只要你中线失控，我即以左手小臂向左上或下，沾接捋化，使对方进击之拳或掌落空，随即进步俯身出右拳插击其胸、腹、

图 19

膝面或足面,直插而下(图 18)。

(五)指裆捶

指裆捶，顾名思义，用于打击对方裆、腹部。发劲时，身躯微一下沉，拧腰扣裆，左手向左后缠带对方向我进攻之右手，与“掩手捶”着法相似(图 19)。

其他捶法

(一)搬拦肘

二路拳中之“搬拦肘”这一拳式，实乃一种捶法，化打结合的拳击法。如对方出右手从我左侧攻来，我身微右转，双臂齐起，以左臂尺骨处粘缠其右小臂外侧，拧腰向左，双拳一沉向左发劲横击，发劲时，左拳为主拳心向上，右拳

图 20

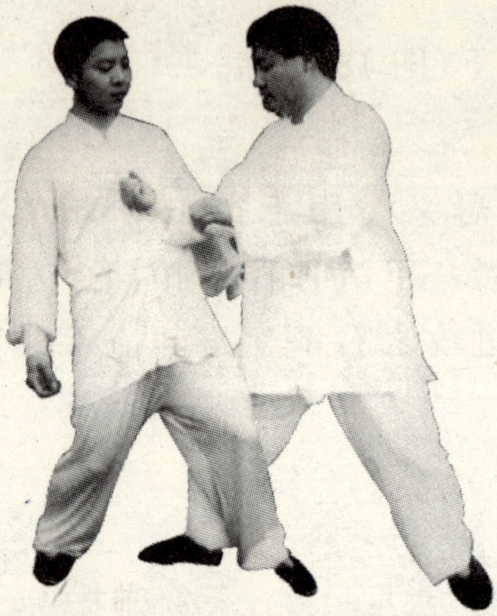

图21

为辅拳心向下，同时，左足横向迈步踩其足面或套住其足跟，配合发劲攻击，对方前足被套住，往往被击而掷跌，是跌打并用的着法（图20、图21）。

（二）海底翻花

图22

海底翻花乃是身躯下蹲、微一沉劲即右旋长身上提，双拳向后反臂发出捌劲抖击。左拳向左向上向后弧形以反臂拳击人头、面部；右拳心向前，拳背击打或拳心向右，拳眼击打，右

图 23

拳亦同时弧形向右下、向后发劲，以反臂捶击人腹、胯部位，拳心向前，拳背向后。此式亦是狠着，若反拳上提反击，击中对方太阳穴或耳门，可使人重创，危及生命(图 22)。

(三)碰捶

碰捶又名“勾捶”、“贯捶”。如用右碰捶乃是身躯左旋，右拳自右抡起一道圆弧，拳心向下，向左上向后横贯对方左侧头面部(图 23、图 24)，用左碰捶乃是右转身以左拳横击对方右侧头、面部。击中

图 24

太阳穴或耳门均可使人致命。拳击的要领是在拳头触及对方躯体的一瞬间，拳头要先紧握，随即松开，这也是贯彻“柔运劲，钢落点”的正确打法，一切拳法，都应这样。所以，平时个人练拳或练功时，出拳就要养成这种习惯，不可忽视，否则，你攻击人的拳头没有在触及对方躯体之时握紧，是松散的那么这一拳发劲的结果，不但无效，反会挫伤自己的指骨和腕骨，自讨苦吃。

(四)白猿献果

图 25

白猿献果，用于出拳冲击对方下颚。正着是以我右拳凭借身躯向左微转上旋的贯性，右拳屈肘自右下向左上弧形冲击，拳打对方左下颚。同时，右腿亦配合上提，助劲攻击，以膝顶撞对方腰、腹部，亦可角度略变，拳击对方正下颚，膝撞对方裆部(图 25)，均可将其击倒，或重创。至于左拳，在拳法练习或实际运用中，均是右拳向左上旋转冲击为主，左拳向左下旋转插打为辅，起着助劲与稳定自身平衡的作用，即双拳在左侧交叉而过。但是，如遇对方用双手擒住我左小臂扭转擒拿时，我即顺势借力扭转身躯，顺着对方劲力，旋转下插，以左拳冲击其腹部或裆部(图 26)。

(五)左冲、右冲

左冲，右冲又称“双撞捶”或“双撞拳”。双拳先后在左右两侧抡起两个大圆弧，配合着双足在转身跳跃腾挪中，滚翻抡劈。两拳在由上向后下轮劈时用的是搬采劲，由下向前上划弧冲击用

图 26

图 27

的是弹抖劲，均是猛烈的化打结合的着法。对方用右拳或右腿从我左侧攻来，我即原地转身换步(交换足步的前后位置)，在转换中跃起身躯，同时，抡起双拳向对方攻来的臂部或腿部劈盖，用横劲破直劲，化解来势。再发劲向前上冲，攻击对方胸、肋部(图 27)，双拳在向左或右抡起的圆弧，随着功夫的增进愈划愈小。两足在跳跃中转身交换

图 28

图 29

位置时，亦可以整足助势，或踩对方足面，或勾套对方足跟，使之不得退避。

左冲乃是左足在前腾身跃起的命名，反之为右冲(图 28)。

(六)倒插

倒插又名“下插”，是用右拳穿插进击的着法。若我右手或双手腕被擒拿，对方用捋、采手法制服我，我则顺其来势，身微左转，上右步，左手贴于右手背外侧上提，右拳顺随其捋、采劲下插，左手上提，右拳下压，以右拳冲击其裆、腹部，是连解带击的着法，(图 29)或上右步插裆、踩足、套足，以右拳向对方胸、腹直至裆部弧形冲击而下。与“披身捶”使用抓拳弧形由下而上自对方裆部经腹、胸至下颚扫击恰好相反，亦可兼施肘靠。

(七)夺二肱

夺二肱又有“跺二红”、“上步掤连捶”之称。跺二红是指跺人足面见红，拳击人胸见红之

图 30

意。进步勿忘套、踢、踩，此是身微左转进步踩人足面，在转身的同时，双拳在胸前裹缠，右拳由下向上向内划弧落至腹前，拳心向内，左拳亦由下向上自右拳外侧缠绕上提，双拳合住劲，随即进右步踩、踢或套配合拧腰一抖以右拳或尺骨发出弹抖劲冲击对方胸、肋部，左臂屈肘后拉助劲，或发劲用左肘尖后击。此式亦是一种连解带击的着法，设我

图 31

图 32

右腕被擒，我即身微右转以左手接贴，我右手背外侧上提后带，右手握拳旋腕前冲以挣脱劲挒击其胸部或肋部（图 30、图 31）。若这一解脱未能奏效，即毫不迟疑，顺应对方劲力，右臂微一沉带，化去对方劲力，再进步踩人足面，或踢人膝盖，推动对方，作第二次解脱。故又称“夺二肱”、“捌连捶”。

（八）连环炮

连环炮是双拳以闪电般的速度，先后发出弹抖劲向对方胸部或面部冲击的拳法。用的是螺旋式的弹抖劲，如木

图 33

图 34

工扯钻一般，但出拳不可过贪，拳臂不可挺直，应保持微屈之势，双拳交替旋转击出（图 32、图 33）。

（九）玉女穿梭

玉女穿梭也是一种拳法。着法是，若我左手腕被人抓拿，我即左手微一旋转，同时，重心略后移，微一沉带，后足蹬地，飞身向前跃出，左手以挣脱劲出拳或掌冲击对方胸、腹部，是连解带击的猛烈着法。反之，右腕被擒，同样身微后挫即飞身前冲，右拳一旋一沉发劲冲击，亦可用掌击、指戳的手法。变着：如右腕被擒拿，或双手被擒拿，我身躯略后移，微一沉带，卸去对方劲力，右足抢步向前冲出，在右足落地的同时身向右转，右臂屈肘后带，左手左足直穿进击，左足插裆，左拳或掌指击，戳对方胸、腹部（图 34）。

（十）回头当门炮

回头当门炮乃用于对付敌人从我身后袭击的着法。有左转身与右转身两种打法，左转身是身躯向左大幅度旋转，带动双臂以柔缠劲向左后下捋带对方来手，同时，右足上步套住对方前足，身微后挫，双拳向对方胸、肋部发出抖劲，右拳在前为主，拳心向左，左拳在后为辅，拳心向右（图35）。右转身，着法亦同，即

图 35

图 36

图 37

是左拳向前发劲冲击为主，右拳同时在后助劲为辅，(图 36)亦可双拳齐出冲击对方胸部。

(十一)窝里炮

窝里炮是用右拳的反背捶，两手在胸前划弧合住劲，左手由下向上再向左后下接缠对方进攻的右拳，配合右拳由下向上向右发劲兜击，如我右拳从对方右小臂下穿出反兜，可将其右臂反折脱臼，亦可横击腰肋(图 37)。如我右拳从对方右小臂上面穿出反兜，以拳背发出

图 38

弹抖劲击向对方头部太阳穴、耳门穴均是致命的狠着，不可轻用。(图 38)左手向后下接缠对方右手，要用採捌劲以助右拳发劲，两手双合然后双分发劲，同时要进右步拧腰，劲路才完整。

掌法

(一)仙人理髯

两手裹缠，合中蓄劲，向右向下斜按，击人腹部，乃是两掌翻腕，身躯微一下蹲发出按劲。右手在前为主，左手在后为辅，可使人坐跌于地，俗称“母猪坐泥”(图39)。

(二)剪手

图39

剪手在陈氏太极拳中叫“初收”与“再收”，是两手一前一后，左前右后或右前左后，用的是开合劲挫伤对方手臂的着法。设对方以掌或拳向我直

图 40

线冲击，我即用剪手应敌，前手沾接对方肘部，后手沾接其手腕部，用挫劲一合将其肘关节挫伤或剪脱臼。外家拳亦有此着法，过去有位拳师，精练此法，专用剪手制敌，使人不敢伸手进击（图 40、图 41）。

图 41

（三）双推掌

双推掌手法与“仙人理髯”相似，亦是两臂裹缠，合中蓄

图 42

劲，开中放劲，两掌向敌人胸部发劲击去，发长劲可将人击倒，发短劲或寸劲可将人击伤(图 42)。

(四)抱头推山

抱头推山亦是双掌击人胸部的着法，但劲道较“双推掌”更为猛烈。

应该注意的是：这一着法却是开中蓄劲，合中放劲。在太极拳中许多着法都是合中蓄劲，开中发劲，而开中蓄劲，合中发劲的着法较少，应该刻意多多练习(图43)。

图 43

图44

(五)三换掌

三换掌是连环进击的掌法。与人交手，逼近对方身躯时，封住对方手臂，左手掌心向上用掌指斜戮进击对方喉部、耳门或眼睑部，变着可抓腮掷跌，俗称“迎面摘瓜”均是凶狠的着法，不可轻用(图44)。若此着被对方避开，未能奏效，我即顺势左掌下沉收回，身微左转，右手用横掌发出挒劲向对方面部或胸部弹击(图45)。这时，若又

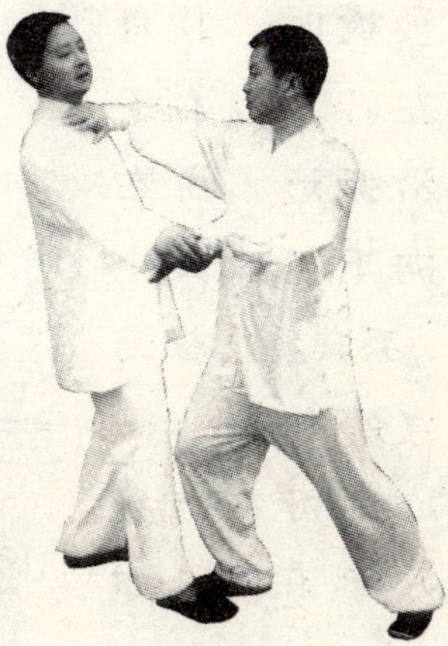

图45

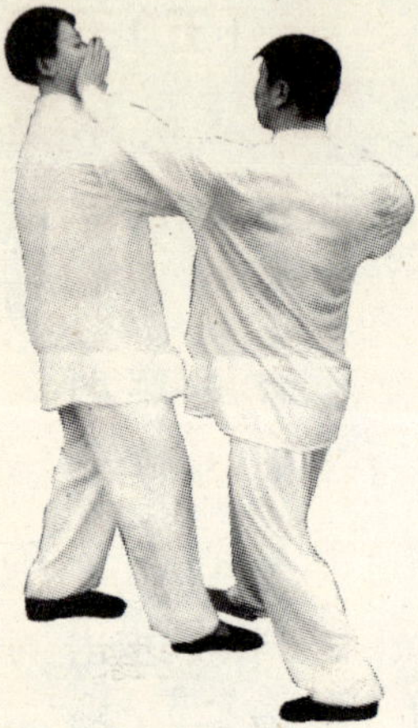

图 46

被对方化解，随即右掌顺势下沉搬带，将对方搬近我身，紧接着身微右转左掌由左侧以立掌弧形向前直击对方面门(图 46)。此着又称“扑面掌”，亦用于敌人进靠时借势还击的打法。

(六)斩手

斩手，乃是以掌沿下斩的着法。如敌人以右直拳向我攻来，或我左手被擒时，我身微左转，以右手掌沿弧形，由右上向下横砍其小臂，系典型的横劲破直劲的打法(图47)，亦可右转身用左掌下斩，亦可用尺骨或捶下

图 47

图 48

击(图 48)。

(七)翻花舞袖

设我左手被擒，用斩手未能解脱被擒之手，随即毫不犹豫的跃起身躯，翻过身来，以翻转的惯性自下而上再自上而下，两手用的是双开劲，在左手解脱的同时，右掌沿下砍，直击对方手臂或背部，其劲道较斩手更为猛烈（图 49）。

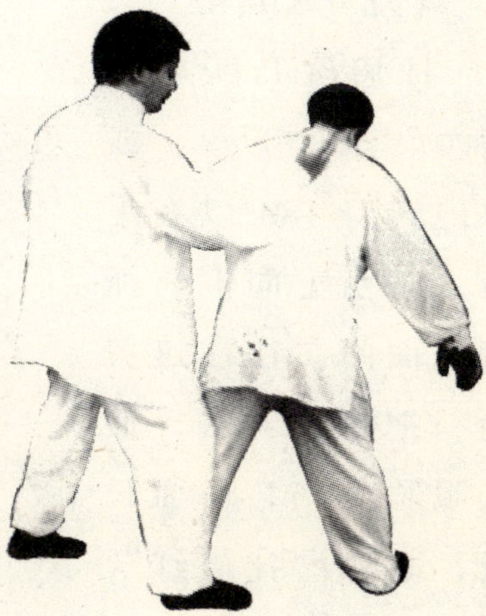

图 49

图 50

(八)劈架子

此式系用左掌或拳向上向外发出弹劲打击对方下颌或面部的着法。右手将对方右手捋近我身，或将其左手臂下按，转身还击(图 50)。

(九)抹眉红

抹眉红乃跃起身躯左转 180°下落，或原地转身 180°以右手指、掌由上向下劈抓对方面门。往往这劈脸一把抓的着法，使人眼脸受伤，鼻血长流，故称“抹眉红”(图 51)。

图 51

腿 法

(一)左右分足

左右分足又称“左右擦足”，乃上掠下取的腿法。右分足：两手双合双分在胸前由下向上再向下划一大立圆，左足随之插步于右足前，足尖外撇(或提足踢人膝盖骨或向下踩人足面)，重心前移，至身体重心全落于左腿时，两手弧形下按，提起右足直向对方裆、腹或头部踢去(图52)，发力点在右足掌沿外侧或前沿五趾根部，切不可用足面(足背)踢人。否则，有反折自己足掌骨，造成自伤的危险。两手弧形下按，起着稳定

图 52

图 53

自身重心的作用，右掌下按兼有扑击对方面部之用。左分足与右分足对称，着法相同，可以反复交替练习。

（二）左、右蹬一根

左、右蹬一根又名“左、右蹬足”，“挂树蹬足”。左蹬一根即左蹬足，乃是运用两手在胸前一合一开，作顺时针方向旋转的卷放劲，带

图 54

图 55

动、辅助提起的左足发劲蹬出，分低、中、高蹬击对方的膝、腰胯、胸肋三个部位。两手的旋转开合用以沾连捋带对方进攻的来拳和手臂，微一引带迅即双分发劲，辅助左足蹬出的劲力，同时稳定自身的平衡；蹬出的足的力点在足跟或足掌外沿，不可用足心；发劲刚脆猛烈。蹬膝有蹬踩对方膝部正面膝盖骨、膝部外侧、内侧三法，均可使对方脱臼或骨折。若与对

图 56

图 57

方距离较近，亦可提膝撞击其裆、腹部。右蹬足与左蹬足对称，着法相同(图53、图 54、图55)。

(三)二起足

二起足又名“踢二起”两手在胸前划小弧形立圆作掩护或引带对方手臂，接着先起左足踢向对方裆部，再乘势飞起右足向对方胸部踢去，或左足虚踢，随即飞起右足向对方胸部踢击。功夫深厚的，可飞足踢中对方面部(图 56、图 57)，故有“翻身二起踢破天”之语。《水浒传》中，施耐庵描写武松醉打蒋门神所用“玉环步鸳鸯连环腿”踢倒蒋门神即是这种腿法，还说：“这是武松的真才实学”。小说人物虽属虚构，拳法确是写实，可见古人执笔之严谨。

(四)旋风足

旋风足用于对方出右拳或掌向我左侧头部或胸

图 58—1

部击来，我即抬起右手沾接其右腕部，左手管接其右肘关节，顺其来劲向后向右搬带，同时，身躯右转，提起左足向右横扫，以左小腿横击对方腰、肋部，使之扑跌（图 58－1）（图 58－2）。若遇对方用匕首刺来，我即直接身躯微右转，抬起左腿横扫，以足掌内侧横向拍击其右小臂外侧或手腕

图 58—2

图 59

部，将凶器击落。反之，则用右腿横向扫击。

(五)摆莲足

摆莲足即是摆足，与外家拳的“摆腿”一脉相承。不过太极拳的摆足，除用足掌摆击敌人外，还更重视与两手配合施用摔跌法。如敌人以右拳向我左侧攻来，我以右手沾接其右腕，左手接管其右肘，乘势转身向右后微一捋带，随即重心移于左腿，提起右足，自敌身外侧向其后腰、肋部或腿弯部向右横向摆击，同时，捋带的两手，迅急转腕向左发出挒劲，将其击倒在地(图 59)。

其他腿法

(一)弹腿

弹腿又称“袖里藏腿”乃上掠下取的踢法。与人交手，我两手接住对方攻来的手臂顺着来势作立

图 60

圆或平圆划弧，一来引化对方劲力；二来吸引对方注意力，即向前抢步，起腿弹踢。如左足抢步或垫步(只一小步或半步)重心前移，右足发劲向前上弹踢对方的膝、裆、腹、胸、肋均是被踢的目标，随势而踢（图 60)。反之，右足垫步，左足弹踢，两足可

图 61

交替运用。

(二)根子腿

根子腿乃是上身前俯，右腿屈膝下蹲，两手下按于右膝上，身微左转，略回头目斜视后方，提起弯屈的左腿，全身蓄足劲，以左足向后向上发出弹劲猛蹬对方胸、腹或面部。身法与“闪通背”相似，用于转身蹬踢或打击从背后袭来之敌(图 61)。如蹲身屈左腿，则屈提右腿后蹬。

(三)海底炮

海底炮是以足踵(足后跟)勾踢敌人会阴与生殖器官的毒着。如遇敌人从我背后袭来，或用“黄桶箍”的摔跌法攻击我，俟其近身尚未得势之际(不可让其抱牢，甚至拔根离地)我即右足前踏半步，侧身前靠，勾起左足后跟向上勾踢（图 62）；或左足前踏半步，以右足跟向上勾踢，亦可左右足

图 62

跟，连环勾踢。

(四)白马献蹄

图 63

白马献蹄是对方以右掌或拳向我击来，我亦以右手沾接其右小臂外侧，顺势化其来劲，即上右步至其右足外侧，我右手自上而下握住对方右足踝，使之不易退脱，我即上身前俯如行 90°鞠恭礼，借着身躯前俯这一惯性，翻起左足由下而上甩起一道大圆弧，以左足掌底扣击对方面门。这一“人蹄”较之扑面掌更为猛烈(图 63)。反之，对方用左拳或掌击来，我即从左侧进身，以

图 64

右足反踢亦同。

(五)挖腿

挖腿是敌人用拳或掌从正面向我胸、腹部击来，或手执匕首向我胸、腹部刺来，我俟其拳或掌将近身之际，身微左转，提起右足，自下而上再向下屈腿作反时针方向贴身旋转向其小臂或手腕扣击，同时，右手下插护裆，左掌在上自左向右横掠护面（图64）。亦可微右转身，以左足挖击。

(六)揢腿

揢腿是专用于踢人膝盖骨（髌骨）而与敌交手的腿法，与敌交手，我双手沾接对方手臂，封逼住对方劲路，或乘对方捋、采之劲进身，右足微向前垫步，即欺身前进，提起左足（以足掌内侧如踢毽子样）向前上踢击对方膝盖骨（图 65－1）。如被踢之敌仍

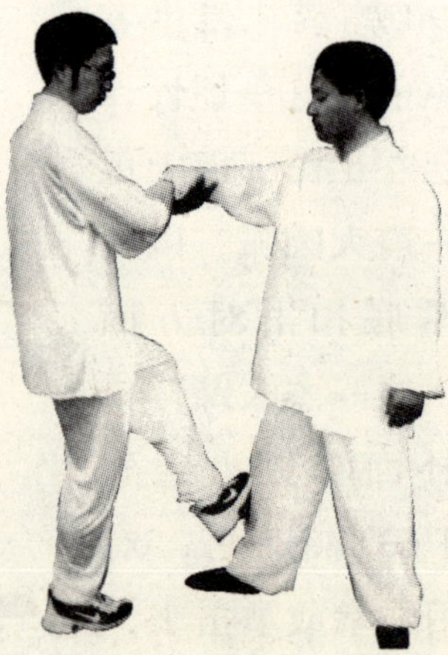

图 65—1

图 65—2

不知退避或欲硬顶，即可乘势紧贴其臁骨滑踩而下，将保护臁骨之一层极薄的皮肤踩裂并伤及足面（踩伤足背与足趾）（图 65－2）。左足垫步，右足踢踩亦同。

（七）扫蹚腿

扫蹚腿又称转“胫炮”。是右足支撑全身重量，以左腿横扫约 280°～290° 的一个大弧度。在旋转中切忌平旋，前半圈是由高转低，后半圈又由低转高，是练习以腿领身用足部横扫的踝击劲，即以

图 66

我左小腿内侧向对方胫骨下端扫击，使之扑跌(图66)。在旋转中要做到上身中正不偏；右足落地生根，既灵活又稳健；再配合着我左小臂贴身用挒(贴接对方右臂外侧)其势更为猛烈。反之，以左足为轴右腿横向扫击亦同，可以单式交替练习。陈氏太极拳二路中的“转胫炮”一路中的“跌叉”都是颇为难练的动作，但是不能畏难不练，特别是年青人，要提高拳技，更不应知难而退。后来，有些人将此式改为左腿扫半圈，接着右腿又扫半圈，或是两手着地，蹲身，单腿或双腿连续扫击，练起来难度就减小了，当然这也是一法。但是，我想这个难度较大的着法是前辈的心血，不可轻易抛去。

肘 法

(一)退步压肘

退步压肘，又称“退步裹肘”。一般是打击身后来犯之敌，右足后退一步插入对方裆内，左足随之收于右足前成左虚步，凭着插裆收足这一惯性，右肘右胯向后一齐发劲撞击对方裆、腹、肋部，将其腾空掷击出去(图 67—1)。如遇对方从正面向我按来，意欲将我推出或推倒，我只须身

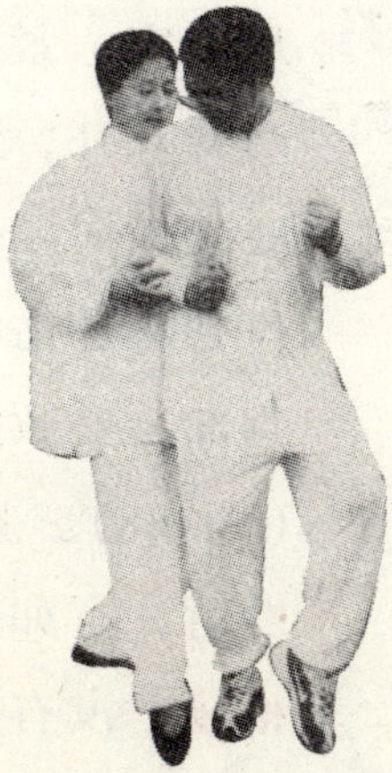

图 67—1

图 67—2

微左转，以左手接住来劲向左后捋带，同时，右臂由外向内屈肘裹缠，右手成拳紧贴于我右腰上，拳心向右，拳眼向上，随即拧身横肘发劲打击对方腰，肋部(图 67—2)。以右手向右后捋带，则拧腰以左肘叩，击对方左腰、肋部。

(二)穿心肘

设对方以右拳向我击来，或擒住我左手腕，我接住来劲，身躯左转，乘势向左后微一捋带，双臂在胸前环抱合住劲，将劲裹足，随即上右步进身，右足向右前铲地而进，左足亦随之跟进，贴近敌身时，右足踏实，紧接着两臂双开，以右肘尖横向发出弹抖劲，冲击对方胸部，必致重创(图 68)。贴身发肘，有如短兵相接，没有回旋的余地，友谊比

图 68

试，不能用爆发的抖劲，可用长劲发劲不伤人。陈发科老师就曾用长劲发肘，瞬间将人击离地面，但丝毫未伤人，使对方大吃一惊。

(三)顺鸾肘

顺鸾肘又称“后顶肘”，是以右肘尖撞击右后来人胸、肋部。如对方从我右侧攻来或欲擒抱我用摔法，我乘势接住敌劲，左转身，双臂在胸前环抱合住劲，将劲裹足，随即右足向右前铲进，或插入对方裆内，左足随之跟进半步，贴近敌身，一震足，双肘向左右斜下发出肘劲，撞击对方肋部，右肘为主，左肘为辅(图 69)。

图 69

(四)拗鸾肘

拗鸾肘的正着是左手被擒或被人采拿，我即顺势左转身上右步或插裆，双臂在胸前环抱合住劲，拧身扣裆，以横肘拍击对

图 70

方肘关节，是连解带击的着法，亦可使其脱臼。若对方以右手擒我左腕，我左转身上右步拧腰顺势一横肘即可将其仰面击倒(图70)，如用立肘向上挑击，可将对方下颚打坏。这三种肘法(顺鸾肘、拗鸾肘、穿心肘)是经常连环互用，欺身

图 71

进击。

(五)立肘

立肘之用，乃是对方抬手向我攻击时，只须俟对方抬手的瞬间，我即抬手封握其肘关节，(此即彼不动，我不动，彼微动，我先动，即后发先至之意)顺其势推逼，从下向上，上步进身以肘尖弧形上挑，撞击其胸、肋部，上右步发右肘，上左步，发左肘(图 71)。立肘发劲时，屈肘形成的夹角应成锐角，紧紧一夹，发劲击出。肘又称“短手”、“二门手”，肘在屈使极易伤人。

靠 法

靠法的劲力特大，居“八法”之首，“近身用肘，贴身用靠”，在太极拳中，主要是用肩部进击对方胸部。如遇对方攊或採扭我右臂时，我即乘势顺其劲力进身，上右步深插裆，对正其胸部靠去攻击其中线，不可偏于一侧俗称迎门靠，否则，极易落空失势，受制于人。发靠劲用的是肩部的爆发力撞击，无论是用肩部的肌肉或肩骨，都极易发生伤害事故，切勿轻用。发靠劲之所以叫“贴身靠”，要点乃是贴近人身用靠，并不是贴住人身用靠。如果是贴住了人

图 72

图 73

身，那个崩炸的靠劲，就使不出来（图 72、图 73）。

靠劲之用是多样的，可用肩、背、胯、膊、臀等部位进行贴身靠打。过去陈氏拳家有专用肘，靠打人的技击性极为猛烈。

管足法

管足法是以我之足管制、缠逼、勾锁对方之足的着法，迫使对方站立不稳，进退失控，不能掌握住自身的平衡，形成我顺人背的形势，然后进击。陈氏太极拳推手，要练习上面推手下面推足。

（一）对方右足在前，我进左足从其右足外侧绕缠其足踝，我左足尖勾缠，重心前移，进行击

图 74

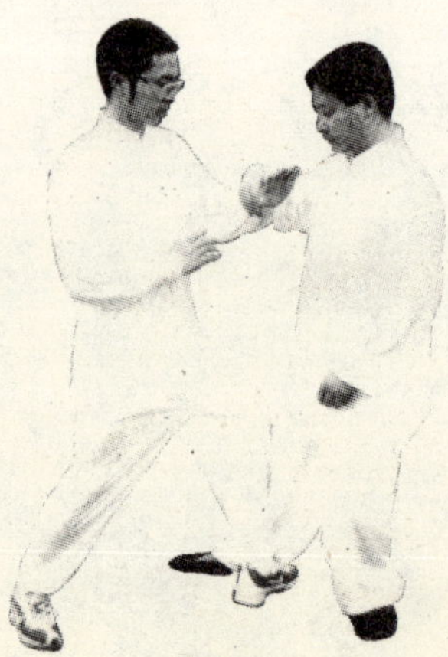

图 75

打(图 74)。

(二)对方右足在前，我进左足从其右足内侧绕缠其足踝，我左足尖外撇勾逼，重心前移进行击打(图 75)。

(三)对方右足在前，我进右足从其右足外侧绕缠其足踝，我右足尖外撇勾缠，重心前移进行击打(图 76)。

(四)对方右足在前，我进右足从其右足内侧，足尖内扣勾逼，重心前移，进行击打(图 77)。设对方左足在前，同样，亦有如上四个管足法。

管足法还有扣裆打动对方桩步的作用。如：

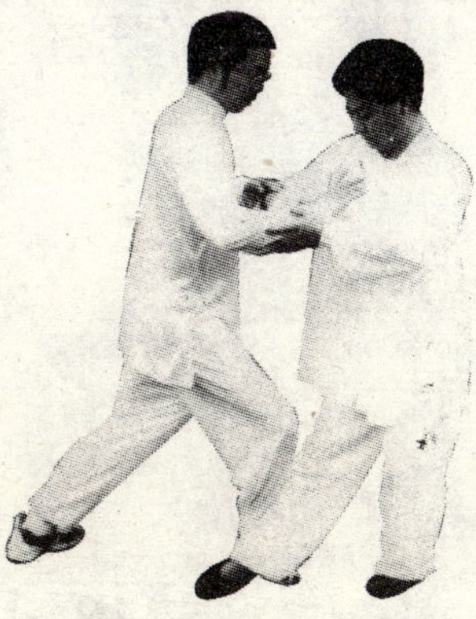

图 76

图 77

图 78

（一）对方右足在前，我进左足贴近对方右小腿外侧，拧腰扣裆，从我左膝内侧拍击对方右膝外侧，打动其桩步，使之失重站立不稳(图 78)。

（二）对方右足在前，我进右足插裆，我右足贴近对方右小腿内侧时，拧腰扣裆，以我右膝内侧拍击对方右膝内侧，打动其桩步，使之站立不稳(图 79)。如对方左足在前，同样亦有两种扣裆打击之法。

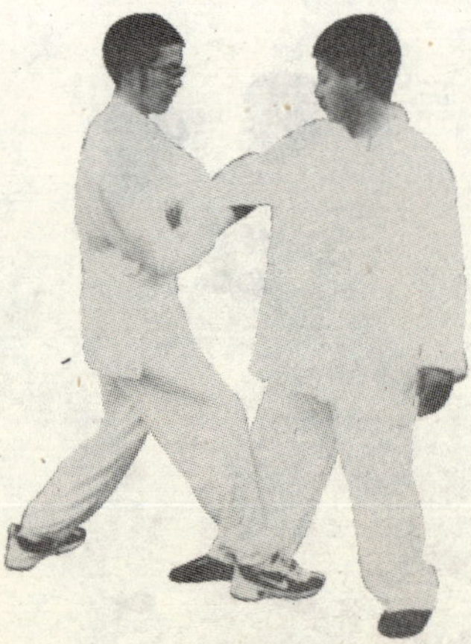

图 79

管足之法亦可用小腿勾缠：

（一）对方右足在前，我进右足自其右足外侧以右小腿绕缠其右

图 80

小腿，乃反勾之法，一俟右足踏实，即进身挤靠击打（图 80）。

（二）对方右足在前，我进右足自其右足外侧，以右小腿向上向后反勾其右小腿，使其仰跌（图 81）。相反，对方左足在前，同样亦有两种打法。管足之法，由于我顺人背，进身挤压靠，往往挫伤对方膝、踝关节。

图 81

反骨法

(一)反腕骨

反腕骨是以我之右手背面粘接住对方袭来之右手背面，粘如胶着，不使滑脱(图 82)，随即反时针方向一转腕，握住对方右手掌。此时，我右手大拇指，按贴在对方右手背上，另回指转贴在对方右手心内，握住对方手掌，随即加上左手，同样握住对方手掌，(图 83)我两手向下一顿挫，只须听见一声微弱的脆响，对方手腕骨即被反坏，戏称“请吃猪蹄子”。若用顺时针方向握住对方手

图 82

图 83

掌转腕拧扭，亦可反坏其腕骨。

(二)反肘骨

反肘骨，又称“撅臂法”。如对方以右手擒住我右手腕，我身微左转，将左手贴压在对方右手背上，不让其滑脱，随即两手略一回收，卸去其握力，我右肘向前平推，以右手腕拗对方虎口，同时，身躯右转，右手转腕自下翻上，顺时针方向一转反握敌手（称之金丝缠腕）（图 84），随即

图 84

图 85

上左步左转身以左臂肘叩压对方右肘关节，拧腰沉肘将其肘关节反脱臼(图 85)。

如对方以右直拳或掌向我击来：

1. 我身微左转，左手沾接来拳，右手接贴其肘部，两手一合劲(拧腰托拍)将其右肘关节反脱(图86)。对方进攻用力越大，关节越易被剪脱。

图 86

2. 我身右转，右足微向右后移，右手沾接来手

图 87

引带，使之落空，来拳擦身而过，俟其肘关节至我胸部时，我右手扣住其右拳或掌，左手搭其上臂近肩处，两手用力后搬，胸部向前一挺，将其肘关节撅脱(图 87)。

图 88

3. 我仍用上法接招，即仍用右手沾接来拳引带，俟其右肘接近我臂时，右转身拧腰，将其右肘关节反脱(图 88)。

4. 我左转身，左手接住来

图 89

拳，同时，上右步，右手轻贴于对方左臂外侧上滑至肘节处，右手向内，左手向外发劲一捌，使之脱臼（图 89），或右手内旋，左手外旋将其肘关节扭脱（图 90）。此时，如对方缩手后退避让，我即顺势跟进，加大两手旋转弧度和力度将其肩关节反脱，或令其仰跌摔倒（图 91）。

图 90

5. 如对方身高力大，出拳凶狠，我同样沉着

图 91

接应。彼右拳进击，我右手沾接引带，使之落空，随即左足前套，管住对方右足或插至对方右足前，身躯右转微一下沉，两手握住对方右拳将其右肘引至我左肩上，双手向下按，左肩向上挑靠，将其右肘关节反脱(图 92)。

图 92

(三)反腿骨

腿部关节，主要乃是足踝、膝胯三个部位。由于这三个关节的活动范

图 93

围，不如手臂的腕、肘、肩关节灵活，就更易被反伤、扭坏。所以，出腿攻击，要慎防被人用撅法。

对方起右腿踢来，我顺势以左手捞按住其足跟，微向上提，右手接握住其足尖或足掌，左手心向内向外均可，随机而定。随即两手以顺或反时针方向一扭转，必使其踝、膝关节伤损，不能行动。两手弧形扭转，须转身拧腰运劲，不可单凭手劲(图 93)。捞接对方来腿，拳式中的“野马分鬃”、“搂膝拗步”和“云手”都是着法，都是撅腿之前奏，只须勾、捞住对方足掌、小腿、腿弯部位上提、后带、旋扭，均可反伤其腿关节。后带用捋劲，上托用拗，能损伤髋关节和大腿根部。

图 94

(四)反颈骨

反颈骨是致命的毒招。如对方右拳或掌向我击来，我即以右手沾接来拳小臂外侧，轻贴其臂，毫不迟疑，迅疾向前上滑伸，俟右掌触及对方下颚时，骤然发劲向前左上一挫，即将对方颈骨摧折，称之为“迎面摘瓜”(图 94)。其变着有右手向前上滑伸，托住对方右下颚，同时，左转身上左步绕至对方身后，左手扣住

图 95

对方左额角，两手合住劲，一挫扭(左手向后下搬，右手向左上撑)，即将颈骨扭折，称之为“脑后摘瓜”(图 95)。再有变着是向上滑伸的右手，勾、抓住对方的右腮部，用搌、采、旋扭、捌发等着法，均是致命的凶着，切不可轻用。

后 记

我国的拳术，是一门高深的学科，讲究的是技击。我常同我的学生开玩笑说：“我们学的是包打烂。”虽然讲的是如何打人(过去戏称练武的人是“打打行”，即是打人这个行业)，然而许多武术爱好者，却一生都未打过人，除紧急自卫、见义勇为外，从不轻易出手。而实在情况，却是普遍的通过技击把身体练好了，百病不生，健康长寿。随着太极拳的普及，人们健康水平得到提高，对于社会的发展进步也起到很好的作用。有人会说：“如今，手枪无声手枪这样厉害，你还练武干什么？”这种“高论”，当然是不值一驳了。过去，成都少城公园（现人民公园）国术馆大门口一副对联说：“仁者必有勇；君子无所争。”可算最好的答复。

因此，我想把我国武术的技击法，系统地全面地写一写，可是又谈何容易！这方面以往缺少专书，武术界又长期存在保守自珍的旧习，导致许多宝贵的前人心血的结晶失传，实在令人痛心惋惜。例如，拿脉法、抓筋法、点穴法等等，以及许多优秀的拳械技击套路如螺陀鞭、左手枪等，大多名存实亡，亟望武林同道能将这个空白补上，努力做到不负前人与后人。所以，我不揣冒昧，将我多年来在陈氏太极拳这个范畴所学、所得写出来，作为一块引玉之砖，冀求得到同道的关注、认同，共同来发掘整理，弘扬我国武术文化。

写了这点东西，自己内心仍感空虚，毫不踏实。陈氏太极拳的技击法，就是如此吗？差矣，差得远！拳经就说过："沾着一点，变化万千。"太极拳浑身都是手，浑身都能打人。陈氏赵堡架的高手郑悟清与人较技，就不用手，自己把手背起来，将人击败，"那里挨打，那里还击"，"挨着何处，何处击"。先师朱瑞川老师常说："打人如走路。"所以说，我写的那点东西，实是"挂一漏万"。用自己安慰自己的话来说：只能是给初学的人在技击方面画个轮廓而已。

本书承陈立夫先生题字，任觉五先生、李国润学兄写序言，何蕴若学兄审核文字，宋凯、陈金祥、周荣模、胡开明、肖福彬诸君演练，宋凯君拍照，谨此一并致谢。

作　者

有咨询者请与作者联系

作者地址：四川省成都市青羊区双清南路四号九栋三单元二号

作者电话：(028)7334232

邮政编码：610072

策　　划:杨永如　　　　责任编辑:杨永如
责任校对:于　洋　　　　封面设计:莫晓涛
版式设计:莫晓涛

图书在版编目(CIP)数据

陈氏太极拳技击精要/陈国灿著.—成都:成都时代出版社,2001.9
ISBN 7-80548-743-X

Ⅰ.陈...　Ⅱ.陈...　Ⅲ.太极拳,陈式-攻防(武术)
Ⅳ.G852.11

中国版本图书馆CIP数据核字(2001)第061980号

*

成都时代出版社发行
成都新华印刷厂印刷
新 华 书 店 经 销

*

787mm×1092mm　1/32开本　2.75印张　44千字
2001年11月第1版　2001年11月第1次印刷
印数:1—5000册

*

ISBN 7-80548-743-X/G·744
定价:6.00元

社址:成都市二道桥街72号　　邮政编码:610072
电话:7760936(棋牌类)　6619530(综合类)
电话/传真:7766860　7742297(发行部)
四川省版权局举报电话:(028)6636481